AF450680

# LES VERITABLES INTERETS DES PRINCES DE L'EUROPE,

## Dans les affaires presentes,

### OU

# REFLEXIONS

Sur un Escrit venu de France
Sous le titre de

*Lettre de Monsieur à Monsieur sur les affaires du temps.*

A LA HAYE,
Chez ABRAHAM TROYEL,
Marchand Libraire à la grand
Sale de la Cour, 1689.

Les veritables Interêts des

# PRINCES

## DE

# L'EUROPE

Dans les affaires presentes,

## OU

# REFLEXIONS

Sur un Escrit venu de France,

Sous le titre de

*Lettre de Monsieur à Monsieur sur les affaires du temps.*

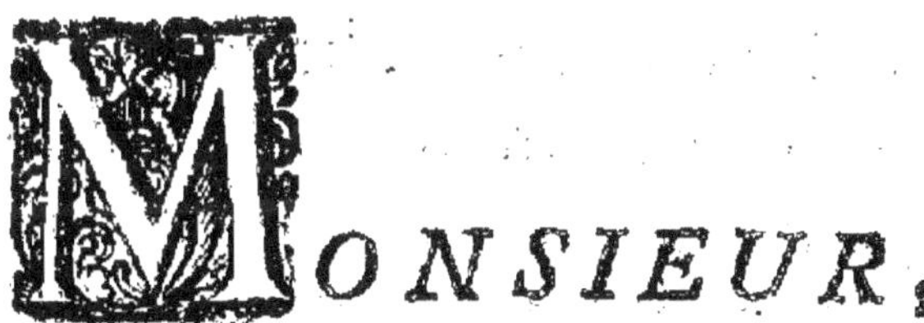

# MONSIEUR,

VOus voulés que je vous dise ce que je pense d'une Lettre qui nous est arrivée de France par les



der-

dernieres Poſtes. Je veux bien
avoir cette complaiſance ; Et je
vous dirai premiérement que nous
la regardons comme un eſprit im-
mediatement emané de la Cour de
France, & comme une eſpece de
Manifeſte deſtiné à detourner les
Princes de l'Europe de leurs veritables interêts. Il faut avoüer que ſi
la France ne ſe peut tirer de la ci-
tuation incommode ou elle eſt aujourdhui, au moins elle n'aura rien
à ſe reprocher la deſſus : car elle fait
tout ce qui eſt humainement poſſi-
ble pour cela. Elle ſe voit ſur les
bras plus d'ennemis tout à la fois
que la Couronne n'en avoit eu depuis cent ans a diverſes fois. Ce
n'eſt point une ſimple ligue, c'eſt
une eſpece de conjuration univerſelle pour la perdre. Tout eſt réüni,
& les Proteſtants & les Catholiques ont enfin connu leurs veritables interets, & entrent dans ſe
méme deſſein. La revolution qui
vient d'arriver en Angleterre jette

la

la France dans de nouvelles ago-
nies, & parmi tant de peuples voisins elle ne trouve pas un allié, ce
font tous ennemis.  Il n'y a rien
qu'elle ne face pour rompre cette
forte partie, elle frappe à toutes
les portes, il n'y a ni Etat ni Prince ni Republique à qui elle ne face
demander ou des Alliances, ou au
moins des neutralités.  Ne produi-
sant rien de réel par ses intelligences
secretes, & par ses offres & ses in-
stances redoublées; au moins elle
veut repaistre les peuples, & particulierement les siens, de fumées
& de vaines esperances: tantost elle fait courir le bruit qu'avant trois
mois l'Empereur sera detaché de la
Ligue & que la paix sera faite avec
lui, tantost que les Hollandois lui
ont déja fait offrir la neutralité.
Mais son principal artifice est de
couvrir l'Europe & de remplir les
Cours étrangeres de petits livres
pleins de reflexions qui vont à jetter de la division dans les Estats &
A 3      en-

6

entre les Princes. Tantoſt c'eſt une
lettre pour ſemer de la défiance entre les Eſtats d'Hollande & le Prince leur Gouverneur. Tantoſt
c'eſt un eſcrit pour faire voir aux
Hollandois qu'ils vont le grand
chemin de l'eſclavage, & qu'eux
mêmes ont forgé leurs chaines.
Sur tout ce ſont des eſcrits, qui
paroiſſent pleins de zele pour la
conſervation de la Religion Catholique. C'eſt ici, dit-on, une conſervation des Proteſtants, les Princes Catholiques ne le voyent pas,
ils travaillent eux-mêmes à la ruine de leur propre Religion. Le
Pape lui même court à ſa ruine, il
eſt cauſe que la Religion Catholique a été renverſée en Angleterre
dans la fleur de ſes eſperances, il
s'en va achever de ruiner l'Egliſe
par ſa conduite deréglée & par ſes
partialités. Afin qu'on trouve plus
facilement ces eſcrits, la France
nous les fait annoncer par ſon Ga-
zetier: il nous dit dans les nouvelles

les d'Allemagne, qu'on voit en ce Pays là un livre qui decouvre que la ligue d'aujourdhui se fait contre la Religion Catholique. La Lettre sur laquelle vous voulés que je vous dise mon avis est de ce caractere & de ce nombre. Son but est de persuader aux Princes de l'Europe tout autant qu'il y en a, que cette guerre dans laquelle ils s'engagent est contre leurs interets : outre les fausses couleurs que l'Autheur répand sur ses méchantes raisons, pour mieux tromper il affecte des aits & des manieres de sincerité. Il blâme le Roi d'Angleterre, il n'excepte point la France des estats qui n'ont aucun interest à poursuivre la guerre ; au contraire il la met entre ceux qui ont toute sorte d'interêt à finir cette guerre sans la pousser plus avant. Voyons, Monsieur, où cét Autheur a raison & où il ne l'a pas, & considerons les veritables interets des Princes dans l'affaire presente.

A 4

La

La France tient aujourdhui le premier lieu entre les Estats de l'Europe, c'est son affaire dont il s'agit, c'est elle même qui parle dans cét escrit. C'est pourquoi je suis d'avis que nous commencions par elle & par ses interets. *A la verité*, dit cét Autheur, *on peut raisonner bien differemment de la France, que de toutes les autres puissances dont il a été parlé cy-dessus.* C'est-à-dire, qu'au lieu qu'il a representé les autres Estats comme étant dans la derniere foiblesse, sans chef, sans conseil, sans force & sans prudence, au contraire il cléve la France *par la force de son gouvernement, par la sagesse & par l'experience de son Roi, par le bon état de ses troupes & de ses places, par l'esprit d'execution & de secret qui subsiste dans son Conseil & parmi ses Ministres, & celui d'emulation qui regne parmi ses Officiers & ses soldats.* Avec tout cela il n'espere pas qu'elle tire un grand avantage de cette guerre,
*elle*

*elle pourra emporter quelque place depourveuë & ruiner les Provinces par ses courses & ses contributions; mais elle risque beaucoup,* dit-il, *pour avoir peu à acquerir, car enfin linterruption du Commerce, l'alteration des Finances, l'incommodité des sujets, & la crainte des mouvemens civils par les nouveaux convertis sont des maux inevitables.* C'est déja quelque chose que la France elle même nous avoüe qu'elle n'a rien à gagner dans cette guerre, & qu'elle y risque infiniment. Mais afin de lui aider dans ses reflexions il est bon d'entendre & de considerer plus à fonds ce qu'elle n'a voulu dire qu'en passant & en une periode.

Pour ce qui est *des monvements civils par les nouveaux convertis,* elle a assés de raison de les regarder comme inevitables. Il est malaisé que des gens qu'on a poussés par de si horribles cruautés n'en conservent la memoire, & ne s'en ressen-

A 5

tent

tent aussi-tôt que l'occasion s'en
presentera. On a beau les desarmer
ceux qui leur meneront du secours
leur porteront bien aussi des armes,
& leur en feront bien trouver sur
les lieux. Elles ne sont pas bien
loin les armes qu'on leur a ôtées, ils
les trouveront chés les Catholiques
leurs voisins. Les Citadelles de
Nismes, de St. Hypolite & des autres lieux des Cevennes sont des re-
traittes & des forts qu'ils trouveront tout préts. On n'aura pas toûjours la des armées pour les défendre. Mais ne craint-on donc, &
n'a-t-on à craindre des mouvements civils que de la part des nouveaux convertis? Toute la France n'est elle pas mecontente, &
n'a-t-on pas chagriné, ruiné & mor-
tifié tous les ordres du Royaume?
Les Ptarlements estoient autrefois
les Protecteurs de la Liberté publi-
que, aujourdhuy ils sont les escla-
ves d'une puissance despotique qui
leur a fermé la bouche, & qui ne
leur

leur permet pas de faire la moindre remonſtrance. Aveugles approbateurs des reſolutions & des conſeils leſquels ils voyent bien aller à la ruïne de l'Etat : leurs charges ſont diminuées, leur conſideration dans le Royaume eſt aneantie. Ils ne ſont plus rien : il y a long-temps que le Roy leur avoit promis cela pour les punir de ce qu'ils avoient fait durant ſa minorité : on leur a fort bien tenu ce qu'on leur avoit promis. La Nobleſſe eſt ruïnée on luy a ôté tous ſes Privileges. Les Gentilshommes payent la taille comme les moindres des ſujets. Ce n'eſt pas eux à la verité : Mais ce ſont leurs terres & leurs fermiers, il ne leur eſt plus permis de faire valoir qu'une terre par leurs mains. On fait payer à leurs fermiers des taxes ſi exceſſives qu'elle abſorbent le revenu du fonds qu'ils ont affermé ; ainſi tout y va & le Gentilhomme n'a rien. Le dernier Arriere-Ban fit voir ce que c'eſt que



la

la Nobleffe de France. Affemblée elle ne put faire, que trois ou quatre mille hommes, des plus miferables troupes du monde. Il n'y a pas la moitié des Gentilshommes, peut-être pas le tiers qui ait le moyen de fe monter d'un cheval, & d'une paire de piftolets pour la guerre, Et on croit que ces gens-là ne font pas mécontents.

Quant au Peuple le joug qu'il porte eft le plus pefant qui foit au monde, celuy des Empereurs Ottomans ne l'eft pas davantage. Il paye au Roy plus de cent foixante millions d'Impoft, qui vont partie dans les coffres de l'Epargne, partie dans ceux des Miniftres & des Financiers. C'eft-à-dire, qu'il paye trois fois autant que les Roys Predeceffeurs de celuy-ci n'ont jamais tiré. Auffi la mifere eft extreme; les vifages haves, pâles & noirs des payfans parlent de cette mifere; les bourgs & les villages font demi ruïnés, & pleins de ma-
fures.

ſures: il y a telle parroiſſe où il y
avoit quatre & cinq cents feux ca-
pables de porter la taille, aujourdhuy il n'y en a pas deux cents. Il y
avoit telle petite ville qui payoit
vingt cinq mille & 30. mille livres
de taille, qui n'en ſçauroit payer
dix mille.    Les payſans n'ont pas
leur raſſaſiement de pain, & ils le
mangent ſi mauvais & ſi ſec qu'à
peine ont ils des forces pour fournir
à leur travail; cet eſclavage reduit
de jour à autre, la campagne en
deſert & depeuple le Royaume.
Peut-on croire qu'un peuple en cet
état n'aſpire pas à la liberté, & ne
donne pas dans la premiere porte
qui luy en ſera ouverte; Ne con-
tera-t-on pour rien le parti des
Moines & de leurs Devots, qui
murmurent en ſecret de la conduite qu'on tient contre le Pape? 
On peut aſſurer que ſi le Pape pre-
noit bien ſon temps dans le fort de la
guerre pour excommunier le Roy
de France, mettre ſon Royaume à

                l'inl'interdit il luy mettroit sur les bras plus de la moitié de ses sujets : car il ne faut pas qu'on se flatte, tous les Catholiques qui ont quelque tendresse de conscience & de la veneration pour le St. Siege sont penetrés de chagrin par les outrages qu'on luy fait continuellement. Contra-t-on pour peu de chose entre les mecontents ce parti qu'on appelle de Jansenistes dont on a desolé les communautés, fait les dernieres violences aux Maisons de Filles qui étoient sous leur direction ; dont on a exilé, banni, emprisonné, supplicié les Prestres, à qui on a fait souffrir mille maux ? C'est le parti des honnêtes gens, & quand il levera la teste, il portera un grand coup. Tout cela consideré on peut croire que la France est dans une disposition prochaine à une grande revolution. Quand des Princes entreront en France sous le tiltre, & avec la conduite, de libe-rateurs, en observant une bonne discidifcipline militaire , & en levant l'enfeigne de la liberté , en promettant remife de taille aux Peuples, la reftitution de leurs Privileges à la Nobleffe, & aux Parlement, le rétabliffement des états Libres ; on doit efperer que tout le monde fe rangera fous cette enfeigne. Aujourdhuy on ne voit aucune difpofition à cela : Tous les ordres quoy que mécontents font parfaitement foûmis. Je le croi : mais il faut fçavoir que le cœur commence à penfér ce qu'il n'avoit jamais penfé quand l'œil commence à voir ce qu'il n'avoit jamais vû. Aujourdhui les peuples voyent entre eux & la liberté un efpace fi prodigieux qu'ils ne s'imaginent pas que rien le puiffe traverfer. La grandeur de leur Roi & cétair abfolu avec lequel il commande & fe fait obeïr ne leur laiffe autre pouvoir que celui de gemir dans leur fein : l'ombre feule de ce prodigieux coloffé d'authorité qu'ils ont au deffus de la tête

les

les fait fremir. Mais quand ils ver-
ront des liberateurs qui leur ten-
tendront les mains , affurés vous
qu'ils feront bien voir que l'amour
de la liberté n'eft pas entierement
éteinte. Mais ici l'endroit du triomphe de l'Autheur de la lettre: qui eft
ce qui viendra lever l'enfeigne de
la liberté ? par où entamera-t-on la
France; *Je penfe*, dit-il, avec un air
de mépris , *que les Princes ligués ne
font pas affés fous & affés vains pour
regarder la France comme un païs de
conquefte.* Mais je ne fcai pas pourquoi les Princes ligués ne pourroient
regarder la France comme un païs de
conquête; puifque la France a bien
regardé & traité fes voifins fur ce
pied-là ? La France qui a conquis
la Franche Comté , la Lorraine ,
l'Alface, le Palatinat, le païs du
Rhin, Strasbourg, Philipsbourg ,
Mayence, Luxembourg, & plus
de la moitié de la Flandre Efpagnol-
le pourroit bien ce me femble perdre tous ces païs, par la même voye

qui

qui les lui ont acquis, & aprés avoir
perdu ceux-ci en perdre encore
d'autres. Il me semble qu'elle n'est
pas invincible, son histoire en fait
foi. Et au reste il ne faut pas qu'elle
s'assure si fort sur ses places, & sur
ses boulevards. On ne la prendra
pas par là ; deux batailles perduës
donneront entrée aux Princes Alliés dans le cœur du Royaume, &
les fortes places des frontieres tom-
beront toutes seules. Il en faudra
tirer les garnisons pour faire de
nouvelles armées qui pourront encore étre battues. Il n'y a pas appa-
rence que les Alliés s'amusent à
consumer leurs forces & leur
temps à prendre deux ou trois places Frontieres en une Campagne.
Par ce chemin ils n'auroient de
long-temps fait, je l'avouë : si deux
ou trois victoires completes les
mettent dans le cœur du Royaume,
c'est alors qu'on verra joüer beau
jeu, & qu'on verra remuer bien
d'autres mécontents que les nouveaux

veaux convertis. Le Roi tres Chrêtien n'eſt grand & craint que parce
qu'il eſt heureux. Mais quand ſa
fortune l'abandonnera tous les cha-
grins de ce nombre infini de mécon-
tens agiront dans toute leur liberté
& de toutes leurs forces.

Voilà pour les mouvements civils. La France nous avoüe auſſi
dans ſon eſcrit qu'elle craint *l'alte-*
*ration des Finances, l'interruption du*
*commercé, & l'incommodité des ſu-*
*jets.* Elle a raiſon de craindre cela
& d'en craindre infiniment plus
qu'elle n'en avoüe. Son Commerce s'en va entierement ruiné, ſes
Provinces voiſines de la mer, comme la Guienne, le Poitou, la Xain-
tonge, la Bretagne, la Normandie,
chargées de leurs denrées dont elles
ont cette année en abondance, ſont
dans la derniere miſere, nous ſça-
vons qu'on n'y trouve plus d'argent. Les peuples y ſont déja pre-
venus de frayeur & ſans qu'il arrive
rien d'extraordinaire, ils ſont rui-
nés

nés par deux ans de guerre à ne s'en rélever jamais. On ne pourra empécher la defcente des Anglois & des Hollandois : car comment garderoit-on cinq cens lieuës de côté depuis Nice jufqu'en Catalogne fur la Mediterranée, & depuis Fontarabie jufques à Donquerque fur l'Ocean? Les armées qu'on envoye en Guyenne, & les milices qu'on tient fur les bords de la mer ne ferviront qu'à ruiner les Provinces. Mais quand même on ne feroit pas de defcentes, on n'aura qu'à roder & voguer le long des côtes avec une flotte puiffante ; les Provinces maritimes fe ruïneront par elles mêmes, pendant qu'un paifan eft hors de fa maifon les armes fur le corps pour obferver un ennemi qui juftement viendra par un autre endroit, il ne laboure point fes terres, il ne fait point fes vignes ; fes enfans & fa femme meurent de faim. Il ne peut plus payer d'Impôts, il s'abifme & laiffe abifmer l'état qui repofoit fur luy.

luy. Ainſi les Alliés n'ont qu'à ſouſtenir la guerre deux ans , ils peuvent eſtre aſſurés que la France s'enſevelira ſous ſes propres ruines.

Quant aux Finances elles ne peuvent pas eſtre en plus mauvais état qu'elles ſont déja. Il eſt vray que le Roi tres-Chrêtien amaſſe des ſommes immenſes. Mais c'eſt mettre les Finances en mauvais état que d'en épuiſer les ſources tout à la fois. Quelle reſſource le Roy de France ſe laiſſe-t-il pour les années ſuivantes ? Il a emprunté 20 millions de ſes ſujets par la creation d'un million de livres de rente. Il a crée un nombre prodigieux de nouvelles Charges , il a tiré des grandes villes de grandes ſommes ſous le nom de don Gratuit. Il conſume ſa Nobleſſe par une dépenſe effroyable par le Ban & l'Arriere-ban : il a augmenté le ſel de trente ſols par minot. Il a chargé toutes les paroiſ-ſes de l'entretien d'un certain nom-

bre

bre d'hommes dont il veut compo-
fer des milices. Cela peut-il durer en
confcience? Les mines de la France
font fermées; fes bleds, fes vins fes
manufactures font chés elles & vont
perir. On tire cette année tout ce
qui fe peut tirer, il faut neceffaire-
ment fuccomber les années fuivan-
tes. Si les Princes Alliés ne faifoient
cette Reflexion, il faudroit que
leurs lumieres fuffent bien courtes.
Les horribles impots que la France
paye pour fournir à tant de de-
penfes pourront fe payer quelque
temps, fi le Roi tres-Chrêtien con-
tinue à être heureux ; mais il eft
indubitable que tout auffi-toft qu'il
fera malheureux il ne fera plus
craint, & perfonne ne payera. La
France n'impofera donc à perfonne en reprefentant le bon état de fes
Finances, car perfonne n'en croira
rien. On ne s'étonnera pas non
plus de ce qu'elle dit *du bon état de
fes Troupes.* On fçait bien qu'elle
en a beaucoup , mais on fçait auffi
qu'il

qu'il lui en faut bien davantage qu'elle n'en a; trois cent mille hommes ne suffiroient pas pour garder ses côtes. Il en faut plus de deux cent mille pour garder ses places. Il lui faut plus de quinze Armées & Camps volants. Et d'ailleurs l'on sçait que quelque soin que le Roi ait pris de se faire des soldats en faisant des miserables, on est pourtant obligé d'enrooller des garçons de 14 & 15 ans : deux batailles bien gagnées esclairciroient bien ces troupes si nombreuses.

*La grandeur, la sagesse, la prudence & l'experience du Roi & de ses Ministres* sont le dernier refuge de l'Autheur. Mais on doit sçavoir qu'un Prince n'est plus grand quand il est malheureux. Ceux qui connoissent le Roi tres Chrêtien dans son interieur sont tres persuadés que sa grandeur n'est pas de celles qui subsistent au milieu des ruines de la fortune. Il a trop abusé de sa bonne fortune, & l'a trop mal
sup-

supportée pour bien soutenir la mauvaise. Ce n'est pas que le Roi tres Chrêtien n'eût de grandes qualités pour regner, & que même il n'eût des dispositions heureuses à la justice & à l'équité. Mais trois choses l'ont gâté, son bonheur, ses flatteurs & ses Conseillers. Son bonheur, qui l'a enyvré & lui a persuadé que le ciel & la terre n'étoient faits que pour lui, qu'il pouvoit tout entreprendre, & que tout lui réüssiroit, comme tout lui avoit déja réüssi. Ses flatteurs, qui ont porté la bassesse & l'esclavage au de là de tout ce qui s'est jamais fait en ce genre, & de tout ce qui se peut imaginer. Le bronze, le cuivre, les pierres, les marbres, les portraits, les medailles, les devises, la poësie, la prose, les harangues, les sermons, les dedicaces, les inscriptions, les arcs de triomphe, les livres, l'histoire, le theatre, les operas, les bastiments, les statuës, les peintures, les tapisseries, les ornements

ments de ſes jardins; tout en un mot
a été employé a immortaliſer la
baſſeſſe de la Nation, & la foibleſſe
du Prince. Jamais loüanges n'ont
été plus outrées, jamais patience
d'homme à reçevoir paiſiblement
des éloges ſans bornes n'a été portée
auſſi loin. Et quand on raſſemble-
roit toutes les flatteries que les Ro-
mains ont faites pour leurs tirans,
toutes celles que les Eſpagnols les
plus exaggeratifs de tous les hommes ont fait pour leurs Heros, on
ne trouvera rien qui en approche.
Où eſt l'ame qui ſe puiſſe garantir
d'un ſi funeſte poiſon répandu en ſi
grande abondance ? & le Roi tres
Chreſtien n'eſt il pas plus à plaindre
qu'à blâmer d'être tombé dans de
ſi mauvaiſes mains ? C'eſt cet en-
cens verſé ſans meſure & ſans diſ-
cretion qui lui a perſuadé qu'il étoit
tout puiſſant ſur la terre, qu'il ne
devoit garder de meſure avec perſonne, qu'il étoit né pour faire tout
ce que ſes anceſtres avoient tenté,

&

& dont ils n'avoient pu venir à
bout, comme eſt le deſſein d'ex-
tirper le Calviniſme de ſes eſtats.
Enfin ſes Conſeillers ont achevé de
le perdre : gens violents à tout rompre d'une part , & adulateurs de
l'autre, pour donner dans les pan-
chants d'un Prince qui veut de la
gloire à quelque prix que ce ſoit.
Une grandeur qui n'eſt appuyée
que ſur de tels ſentiments n'eſt pas
à l'epreuve d'un revers de fortune.
Ainſi je ne vois pas que la France
doive ſi fort conter ſur la ſageſſe &
ſur l'experience de ceux qui gou-
vernent. Aprés tout , ſi l'on y re-
garde de bien prés les grands ſuccez
de la France ſont bien moins venus
de la force de ſon gouvernement
que de la foibleſſe de ſes voiſins. Les
Rois d'Eſpagne & de Suede eſtoient
des enfans , l'Empereur étoit poſ-
ſedé par des gens dont la maxime
fondamentale eſt de ſacrifier toutes
les grandeurs du monde pour leur
propre grandeur , L'Angleterre

B                              étoit

étoit entre les mains d'un Prince foible, & qui ne demandoit que le repos ; la Hollande étoit enervée par ses divisions ; il n'étoit pas malaisé de battre tant de gens qui ne se défendoient pas. Aujourdhui ce n'est plus cela, & la carte est tout-à-fait changée. Ainsi les affaires naturellement doivent prendre un tout autre train. Pour ces raisons je conclus que l'Autheur de la Lettre a plus de raison qu'il ne pense d'avoüer que la France a toute sorte d'interêt a faire la paix. Elle la doit faire lui en dût il coûter beaucoup. Elle doit rendre à l'Allemagne le Rhin, l'Alsace & la Lorraine ; à l'Espagne la Franche Comté & la Flandres ; à l'Italie Casal, & aux Calvinistes leurs Temples & leurs Edits. Mais cela même, que l'Autheur a raison d'avoüer que l'interêt de la France veut qu'elle fasse la paix, est une preuve qu'il n'a pas raison quand il veut prouver que les autres états ont le même interêt.

terêt. Car aujourdhui les interêts
de l'Europe sont dans une si parfai-
te opposition avec ceux de la France, que si l'interêt de celle-ci est de
faire la paix, seurement l'interêt
de tous les autres Estats est de faire
la guerre & de la continuer. C'est
ce que nous allons voir. L'Autheur
qui a presté sa plume à la Cour de
France dans l'écrit que j'examine,
veut faire croire que les Princes de
l'Europe ont un grand interêt à
mettre les armes bas. *Il semble*, dit-
il, *que la tête leur ait tourné de
s'estre jettés par l'ignorance, ou par
la mauvaise foy de leurs Ministres
dans des engagements si contraires, à
leur repos, à la Religion, à la Justice,
& enfin à leur veritable bien : C'est,*
à son sens, *un aveuglement deplorable. C'est un renversement general de
prudence & de politique.* Tout cela
est une declamation sans sincerité.
Ceux qui parlent ainsi sçavent bien
que tout ce qu'ils disent est faux.
Car je soûtiens qu'à moins que d'ê-



tre

tre frapés d'un esprit de vertige in-
concevable, les puiſſances de l'Europe ne ſçauroient negliger l'occaſion qui leur eſt preſentée d'abaiſſer
& d'humilier la France. Avant
que de parler des interêts particuliers de chacune de ces puiſſances
dans cette affaire, je prouverai ce
que j'avance par des conſiderations
generales.

Il n'y a perſonne qui ne ſache que
dans l'Europe il y a deux maiſons
principales qui ſont aux mains pour
la domination, celle d'Aûtriche &
celle de France. Tout le monde
ſçait auſſi que l'interêt general des
autres Princes eſt de tenir ces deux
maiſons dans l'égalité, parce que ſi
l'une engloutiſſoit l'autre, il eſt
certain que ſa puiſſance augmente-
roit de maniere que tous les autres
Eſtats de l'Europe ne lui pourroient
reſiſter. La maiſon d'Aûtriche a
autrefois formé le projet d'une Monarchie univerſelle. La France qui
étoit alors ſeule capable d'arreſter

ces

ces desseins , a senti les effets de l'ambition Espagnole qui jetta par la ligue de si horribles desordres dans ses entrailles. La maison d'Aûtriche devenant trop puissante , tout le reste de l'Europe se jetta du côté de la France. Quand Ferdinand eut défait & chassé le Roi de Boheme toute l'Allemagne étoit preste à entrer sous l'esclavage. Alors la Suede & la France & tous les autres Estats se jetterent de l'autre côte de la balance, afin de l'emporter. La France est aujourdhui dans la situation où étoit autrefois la Maison d'Aûtriche , elle est devenuë la terreur de tous ses voisins. Elle menace de donner des fers à toute l'Europe; elle aspire à la domination universelle. Ce n'est point une imagination creuse, & une fausse supposition. Rien n'est plus certain & plus sensible que ceci ; c'est que la France s'est flattée de posseder l'Empire d'Allemagne. Depuis François I. toutes les elections des Empereurs

 ont

ont été traversées par les cabales de
la France, qui non seulement a fait
tous ses efforts pour faire sortir
l'Empire de la Maison d'Aûtriche,
mais a tâché par tous moyens de le
faire passer dans la famille de ses
Rois. Il est tres certain aussi que le
Roi tres Chrêtien a conservé ces
veuës, & qu'elles se sont renouvel-
lées dans l'Année 1683. quand les
Turcs vinrent assieger Vienne. On
assure que la France avoit par le Tekeli engagé la Porte à cette guerre,
en lui promettant qu'au même
temps que les Turcs assiegeroient
Vienne, les François entreroient
en Allemagne par le Rhein. Elle
ne le fit pas ; elle demeura spectatri-
ce durant ce grand acte ; & de cela les flatteurs ont fait un grand
honneur à la Cour. Il n'y a point
d'eloges outrés qu'on n'ait donnés
au Roi tres Chrêtien pour la moderation qu'il a euë, & pour le respect
qu'il a fait paroître pour la Religion. Il lui étoit tres facile a-t-on
dit,

dit, d'entrer en Allemagne & de la partager avec le Turc. Cela eſt vrai : mais voici le principe de cette moderation ; le Roi de France étoit perſuadé que l'Empire & toute l'Allemagne lui reviendroient par un moien plus honneſte. Vienne priſe & l'Empereur renverſé par terre, il ne reſtoit aux Allemands autre reſſource que de ſe jetter entre les bras de la France. Elle s'attendoit à cela, & contoit la deſſus comme ſur une affaire qui ne lui pouvoit manquer. Elle n'auroit pas manqué de ſecourir les Allemands, mais elle leur auroit bien fait payer ſon ſecours, & elle ne les auroit garentis des fers de la Turquie que pour les mettre dans les ſiens. Mais quand aujourdhuy la France n'aſpireroit plus à la Monarchie Univerſelle, qui ne voit que la puiſſance eſt trop redoutable, que la balance n'eſt plus égale entre-elle, & les autres puiſſances de l'Europe ; & par conſequent qu'il eſt temps de



la

la reduire à cette égalité ? Quel rempart reste-t-il aux Allemands pour conserver la liberté d'Allemagne. Autrefois le Rhein servoit de barriere pour arrester la fureur & l'ambition des François. Aujourdhuy la France maitresse du Rhein depuis Bâle jusqu'à Cologne n'a plus rien qui l'arrête, & l'Allemagne est exposée en proye, à sa vangeance & à ses caprices ; les desolations qui ont été faites en ce pays-là en font assés foy. L'Allemagne attendra-t-elle à se pourvoir contre ces violences que les François soyent à Vienne ? Quand pensera-t-elle à sa liberté, si elle n'y pense à present ? N'est-il pas temps que l'Italie pense aussi à elle ? Dequoy ne la menace point Casal qui met les armes Françoises dans ses entrailles ? N'est-il pas temps que les Hollandois commencent à travailler à la conservation de leur liberté ? Pour barriere ils ont une langue de Terre dont on a déja mangé la moitié.

tié. La Duché du Luxembourg fervoit de Barriere depuis le Rhein. jufqu'à la Meufe. La France s'en eft faifi par fraude & par violence. Les Pays-Bas ont à leur porte l'ennemy commun, & l'on veut qu'ils s'endorment; en verité la Cour de France a bonne grace de dire que la conduite des états, qui veulent ou fecouer ce terrible joug, ou s'en garentir, *eft un aveuglement deplorable, & un renverfement general de politique & de prudence.* Si la France pouvoit perfuader par de grands mots, les Peuples de l'Europe à fubir fon joug elle ne feroit pas mal. Mais je ne fçay qui donnera dans de femblables pieges. Il demeure donc conftant & certain, clair & évident, que l'interêt général de tous les Etats eft aujourd'huy d'abbaiffer la France, & de la reduire à fes anciennes bornes. Or il n'eft pas moins clair que la circonftance d'aujourd-huy eft la plus favorable qui puiffe étre imaginée, & qu'il faudroit

B 5

avoir

34

avoir perdu le sens pour manquer
cette occasion.

Premierement il faut prendre le
temps dans lequel l'indignation de
toutes les Cours & de toutes les
Puissances est en sa ferveur contre
la France, pour les violences & les
manquements de paroles dont elle
s'est renduë coupable, si on laisse
refroidir la passion par le temps, il
n'y pas moyen d'y revenir. Cette
guerre n'est pas une guerre simple-
ment de politique, d'ambition &
d'interêt ordinaires. C'est une
guerre de passion, où l'esprit de
vangeance agit & agira : je dis de
vangeance s'il y en eut jamais. Car
on ne vit jamais des ouvrages plus
enormes, que ceux que la France
a faits à ses voisins. Elle est allée en
Italie sans forme, sans declaration
de guerre, sans raison au milieu de
la Paix, brûler Genes, l'une des
superbes villes du monde : & pour
toute raison, c'est que cette ville
n'a pas voulu renoncer aux in-
te-

terêts d'Espagne, dans lesquels elle est depuis tant d'années. Les
horribles incendies faits en Flandres dans les années 1683. & 1684.
fument encore, les chicanes par
lesquelles on a enlevé à l'Empire des Villes & des Provinces au
milieu de la Paix, sous le pretexte
de reunion & par les formalités
d'une ridicule justice, ont fait des
playes qui sont encore toute ouver-
tes. La derniere violation de la
Tréve & l'irruption en Allemagne, sans en avoir aucun pretexte
le moins specieux est un ouvrage
tout recent, & qui cause un ressen-
timent sans bornes. Mais sur tout
la desolation des pays du Rhein,
les villes de Manheym, d'Heydel-
berg, les bourgs & les villages depuis Strasbourg jusqu'à Mayence
dont on a fait des ruines & des monceaux de pierres, ont donné tant
d'indignation à toute l'Europe
qu'aujourdhuy de toutes parts, on
ne respire que la vangeance. Cette

                val-

vallée depuis Strasbourg jufqu'à
Mayence eft peut-étre le plus beau
pays du monde, & les François
en ont fait une affreufe folitude,
ils n'y ont laiffé pierre fur pierre.
On ne doit pas manquer de fe pre-
valoir du reffentiment extréme que
ces violences ont infpiré à tous les
Peuples.   Les François peuvent
s'affurer qu'on fe battra contre eux
comme les lionnes irritées à qui des
dogues ont dechiré les petits.

Secondement, c'eft icy le temps
d'attaquer la France, parce qu'il
eft de la prudence d'attaquer un ennemy quand il commence à jouer
de malheur, quand il eft en train
de faire des grandes fautes, & quand
la terreur le prend; encore que le
prefent ne foit pas toûjours un pre-
fage fort feur pour l'avenir, cependant les fages prefument que quand
une fortune a long-temps monté &
qu'elle commence à defcendre, elle roulera jufqu'au dernier declin.
La France en eft-là: elle eft montée

rée avec une grande roideur, elle
commence à decliner : on doit croire que son declin ne demeurera pas
là ; & par consequent, c'est le
temps de la pousser où son étoille
la porte.   Or ce declin paroist visiblement dans ses fautes, dans ses
pertes, & dans ses frayeurs. Pour
ses fautes elles sont visibles, & si
grossieres qu'elles ne peuvent par-
tir que d'un aveuglement sur-natu-
rel.   N'y eût-il que celles qu'elle à
commises par rapport à l'Angleterre, à la Hollande, & au Prince
d'Orange. Tout le monde sçait de
qu'elle maniere elle a poussé ce
Prince : sa conduitte à son égard,
sur tout depuis quelques années,
est une suitte d'outrages qui n'ont
gueres d'exemples entre les grands
independants les uns des autres :
quelle faute & quel aveuglement de
pousser si loin un Prince que la
Couronne d'Angleterre regar-
doit de si prés & qui ne pouvoit
manquer d'y arriver ? Car enfin
                quand

quand ce que nous voyons aujourdhuy ne feroit pas arrivé, Jaques
II. étoit déja prés de la vieilleſſe, il
étoit mortel, il pouvoit mourir
comme Charles II. On devoit
donc bien ſçavoir que ce Prince
qu'on mépriſoit ſi fort, & qu'on
offenſoit ſi cruellement feroit bientôt pour la France, par ſon coura-
ge & par ſes Etats, le plus redoutable Monarque de l'Europe. L'autre faute eſt de n'avoir pas empêché
l'affaire d'Angleterre, comme on le
pouvoit facilement ; Au lieu d'aller aſſieger Philisbourg il faloit s'aller faiſir de Cologne. La choſe étoit
ſans la moindre difficulté ? & par
ce coup on auroit tout fait tout à la
fois : on auroit terminé l'affaire de
Furſtemberg : on auroit empêché
le voyage du Prince d'Orange en
Angleterre. Car les Etats de Hollande n'auroient permis ni à luy ni
à leurs troupes de s'élogner, ayant
ſur leurs frontieres & ſur les bras un
ſi redoutable ennemy. On ſçait
que

que le plus grand interêt de la
France dans les affaires presentes
étoit d'empêcher l'Angleterre de
luy étre contraire, & de tenir le
Prince d'Orange fort bas en empê-
chant son élevation à la Couronne.
Elle devoit tout faire pour prevenir
ce coup. Les plus penetrants
croyent qu'elle n'avoit point dessein d'empêcher le Prince d'Orange de passer en Angleterre, dans la
pensée que Jaques II. avoit autant
de forces & d'amis qu'il en faloit
pour resister au Prince & pour entretenir une guerre civile & occu-
per par la l'Angleterre, en la rui-
nant: ce qui est tout ce que la France demandoit : Mais elle a été mal
servie par ses espions qu'elle paye
pourtant si bien : elle a mal connu
la situation des esprits des Anglois ;
Et cela lui a fait faire la plus grande
faute qu'elle fit jamais. La troisiéme faute, c'est d'avoir declaré
la guerre à l'Empereur & au Pape
par deux Manifestes & par toutes

les

les hostilités imaginables; dans le même temps qu'elle méditoit la ruine des Hollandois, du Prince d'Orange & de leurs Alliés Protestans. Il est certain que si l'on eût laissé l'Empereur & le Pape en paix, on les auroit pu tromper par un faux pretexte de Religion; & on les auroit facilement engagés dans une ligue Catholique en faveur du Roy d'Angleterre. Mais ce coup étant frapé il n'y a plus de remede. Ainsi la France s'est ôté par là tout le secours qu'elle pouvoit esperer dans la plus grande affaire qu'elle ait eüe depuis la naissance de la Monarchie. Voilà les beveües qui nous doivent faire esperer que son genie Tutelaire s'est retiré. Ses malheurs nous apprennent la même chose: car dans l'année 1688. de tant de choses qu'elle a entrepris, rien ne lui a réüssi que le siege de Philipsbourg; elle a manqué l'Electorat de Cologne. L'Evêché de Liege & celui de

Mun-

Munſter , elle a perdu ſes Flottes &
ſes Bombes devant Alger. Geneve
lui eſt échappée , & elle a vu tomber de des deſſus le thrône le ſeul
Allié qu'elle eût dans l'Europe.
Enfin ſes frayeurs ſont aux Etats de
l'Europe un heureux preſage. La
France connoit mieux ſon fort &
ſon foible que perſonne , elle voit
la ſource de ſes Finances , elle con-
noiſt les diſpoſitions de ſes ſujets,
elle voit les mécontents par tout.
Elle ſçait qu'elle eſt la force & la
foibleſſe de ſes Officiers & de ſes armées. Puis donc qu'elle a peur il
faut croire qu'elle a ſujet de cela.
Or jamais frayeur ne fut plus viſi-
ble & ne ſauta davantage aux yeux.
Elle deſarme tous les nouveaux
Convertis, elle fait bâtir des Citadelles dans le cœur de ſon Royaume. Elle propoſe des appas pour
envoyer dans le fonds du Nord les
Calviniſtes Refugiés qu'elle voit
ſur ſes frontieres , en diſpoſition de
rentrer chés eux les armes à la main.
Elle

42

Elle arme tout le Royaume, elle fait des Compagnies de Milice dans tous les bourgs & dans tous les villages. Elle appelle sa Noblesse au ban & arriere ban, elle enrolle des Enfants faute des meilleurs hommes, elle fait armer toutes ses côtes. Elle remplit ses prisons des gens qui lui peuvent être suspects elle va jusqu'au dernieres ressources des Finances & de l'argent. Elle fait solliciter toutes les cours de paix & de neutralité, il n'y a pas jusqu'au nouveau Roi d'Angleterre son mortel ennemy qu'elle n'ait fait adroittement sonder, au moins le dit-on ainsi : Elle fait courir des faux bruits de paix ou de trefve pour rasseurer ses peuples. En un mot jamais terreur ne fut plus parlante; quand on a peur on est demi battu. Ce seroit un aveuglement deplorable aux Princes ligués s'ils negligeoient une circonstance si favorable.

Outre les consideration generales

les qui font voir à tous les Princes de l'Europe, la neceſſité d'attaquer la Frace dans le temps preſent, j'en donneray une qui doit particulierement toucher les Princes Catholiques. C'eſt que la ſituation où eſt aujourdhuy l'Angleterre leur doit être un puiſſant motif de ſe ſervir de l'occaſion pour avoir leur revange de la France. Il eſt certain que l'Angleterre eſt cauſe de l'eſclavage de l'Europe. Car, il n'a tenu qu'à elle d'empêcher les progrés du Roy tres-Chrêtien. Aujourdhuy que l'Angleterre a changé de maître il en faut eſperer tout autre choſe. Si le Prince d'Orange n'en étoit pas encore le maître, & que le Roy Jaques II. y fût encore, je balancerois ſur les avis que j'aurois à donner aux Princes Catholiques. Il eſt certain que leur interêt politique les devroit obliger à porter le Prince d'Orange en haut, & à pouſſer le Roy d'Angleterre à bas. Car c'eſt un ennemy

com-

commun de toute l'Europe qui sacrifie les Etats à la France pour son interest particulier ; & d'ailleurs la Religion Catholique perd tres peu en le perdant : car c'étoit un tres petit avantage pour elle d'avoir en Angleterre un Roy avec une tête faite comme la sienne. L'experience a fait voir que la Religion Catholique n'y perd gueres, car sa conduite étoit toute propre à la ruiner. Cependant si nous avions encore un Roy Catholique en Angleterre, parce qu'on doit tout à la Religion & quelque chose à l'opinion des peuples, j'avouë que les Princes Catholiques seroient dans quelque embarras à l'égard de l'union avec les Anglois. Mais aujourdhuy que le mal est fait, si tant est que ce soit un mal ; ce mal étant sans remede, que peut-il y avoir à hesiter ? Qu'on face tout ce qu'on voudra, toutes les ligues Catholiques ne rétabliroient pas le Roy d'Angleterre. Ainsi la prudence veut que les

Etats

Etats Catholiques se prévalent & profitent d'une circonstance qui en soy paroist douloureuse pour la Religion Catholique , mais qui dans les suittes luy fera peut-être plus de bien que de mal.

D'autre part les Princes Protestants doivent se souvenir que ce seroit à eux la derniere folie de se laisser gagner par la France dans le temps present & de se détacher de la ligue , parce qu'ils ne trouveront jamais un amas de conjonctures favorables comme celles d'aujourdhuy. La difference de Religion fait toûjours un grand abisme de separation entre les Princes Protestants & les Princes Catholiques, sur tout de la Maison d'Autriche; ce qui rend les alliances difficiles. Aujourdhuy que la conduitte de la France a comblé ce grand abysme , & qu'elle a forcé le Pape & les Princes de la Maison d'Aûtriche à s'unir avec les Protestants, ceux-ci ne doivent pas negliger une occasion, qui

ne se trouvera pas si favorable en dix
siécles, de mortifier cette fiere
puissance qui fait hautement profes-
sion d'en vouloir à leur Religion,
mais qui en veut bien davantage à
leurs états. Ce sont là nos considera-
tions générales qui font voir qu'en
général tous les états de l'Europe
ont interest à ne se point departir de
la Ligue contre la France. Passons
aux diverses Puissances en particulier & commençons avec le manifeste, par le Pape qui est le Chef
de la Chrêtienté.

L'Autheur de la lettre s'empor-
te étrangement contre le Pere commun des Chrêtiens. C'est un étrange morceau de papier & d'écriture
que ce qui se dit icy contre luy. Le
fiel & l'absynthe n'y sont pas épar-
gnés : en récompense le jugement
y est fort écharsement répandu.
On fait un grand discours pour
prouver que sa conduitte est entierement opposée à ses devoirs. Et
pour le prouver on produit ce qu'il

a fait à l'Espagne, à l'Empereur, au Roi de Pologne, à la Republique de Venise, à tous les Princes d'Italie, & aux Princes de l'Empire. La Cour de France est bien généreuse de prendre ainsi les interests de ses ennemis & de se plaindre pour des gens qui ne se plaignent pas! Mais quand tout cela seroit aussi solide qu'il est vain, que cela fait-il à son but? Le Pape en toute rencontre & à l'égard de tous les Princes a agi contre ses devoirs; que cela fait-il icy? Il s'agit de sçavoir si le Pape dans la conjoncture presente agit contre ses interests; il n'arrive pas souvent que les *interêts* & les *devoirs* s'accordent dans la politique humaine. La France en est un bon témoin; tous ses rapts qu'elle appelle ses conquestes sont selon ses interests. Car un Etat a toûjours interest de s'aggrandir. Mais ils sont fort contre ses devoirs. Ca il n'est pas dû devoir d'un honneste Chrêtien de s'ems'emparer du bien d'autruy sous de méchants pretextes. Il se pourroit donc fort bien faire que le Pape dans cette occasion agiroit contre ses devoirs, & cependant tres-conformement à ses interêts. Mais ce n'est pas cela icy, le Saint Pere a suivi exactement ses devoirs en suivant ses interêts. Je ne veux point icy entrer dans une apologie pour luy, dans laquelle il faudroit necessairement repeter mille choses que tout le monde sçait. Je diray seulement que jamais Pape n'a été maltraitté d'aucun Etat Catholique, comme celui-cy a été de la France; parce qu'il a eu la hardiesse de s'opposer à l'extension de la regale sur tous les Evêchés de France, le Roy tres-Chrêtien luy a declaré une cruelle guerre. Il l'a fait, pour ainsi dire, dégrader en France de ses plus beaux privileges, qui sont sa superiorité sur l'Eglise & sur les Roys. Il a formé une assemblée seditieuse en 1682 contre son authorité,

rité, il a fait annuller & caſſer ſes brefs & ſes bulles par des arrêts du Parlement. Il a voulu emporter de vive force une partie de la Souveraineté dans la ville de Rome, ſous le nom des franchiſes du quartier de ſes Ambaſſadeurs. Il a envoyé non pas un Ambaſſadeur, mais un Capitaine qui eſt entré dans Rome a main armée, qui s'eſt ſaiſi d'un quartier de la ville, & qui par armes & par violence l'a ſouſtraite à ſon veritable Souverain. Il a voulu faire paſſer en droit une poſſeſſion des franchiſes qui n'eſt que depuis vingt ans, & a voulu ſe ſervir pour s'appuyer, du traitté de Piſe où il n'eſt pas dit un ſeul mot de ces franchiſes. Il a fait revolter contre le Pape les Evêques, les Academies, les Maiſons Religieuſes, même celles des Filles, en les forceant à ſigner des actes d'appel, au futur concile de toute la conduitte du Saint Pere. Il a mépriſé ſes ordres, ſes brefs, ſes bulles, ſes Ambaſſadeurs; violé

C

con-

50

contre tout droit les franchifes des
Maifons Religieufes d'hommes & de
femmes qui ont imploré le fecours &
la protection de ce Pere commun.
Et aprés cela on trouvera étrange que
le Pape dans fa conduitte ait fait pa-
roiftre de la vigueur & du reffentiment ; cela eft injufte : & il n'arien
fait dans tout ce qu'il a fait qui foit
contre fes devoirs.

Il eft auffi plus clair que le jour,
qu'il n'a rien fait que tres conforme à
fes interêts. *C'eft une opinion com-
mune parmi les Catholiques,* dit l'Au.
theur, *que le devoir le plus indifpen-
fable & le plus conforme au caractere
d'un bon Pape, s'eft toûjours eftendu
à maintenir la Paix dans le Chriftia-
nifme.* J'avoué que c'eft-là non feulement le devoir du Pape, mais fon
véritable interêt : il doit conferver
la Paix ; mais il ne la doit pas conferver pour l'un au prejudice de l'autre.
Un Pere doit nourrir la paix dans fa
famille ; mais fi un frere aîné veut en-
gloutir tout le bien de fes cadets, le

pere

pere ne doit plus dire aux cadets, vivés en paix avec vôtre aifné, cedés luy tout ce qu'il demande. Il doit au contraire se servir de son authorité pour arrêter l'injustice ; & quand il ne le peut il doit laisser aller le cours de la justice & de la guerre du Barreau. La France est fort plaisante, pendant qu'elle devore ses voisins, qu'elle ronge les états du Roi Catholique, qu'elle abisme les Princes Catholiques d'Allemagne, elle dit au Pape, en qualité de Pere commun, liés les bras à tous les Princes, mettés les dans la necessité de ce tenir coys afin que je les devore plus aisement : Se peut-il un piege plus grossier ?

Mais c'est à un Pape agir contre ses interêts aussi bien que contre ses devoirs que de favoriser une ligue protestante qui ne peut aller qu'à la ruine, & du Pape luy mesme & de toute l'Eglise. C'est la grande machine que l'on fait jouer par tout, & à laquelle le manifeste & tous les autres livrets de la France reviennent à tous moments. Il faut donc pour un bon coup abattre cette chimere. C'eft l'ancien artifice de la France de couvrir fes ambitieux deffeins du voile de la Religion. Dans l'année 1672. quand elle voulut fe vanger des Hollandois qui l'avoient forcée à faire la Paix de Breda, elle envoya des Miniftres à Rome, à Vienne, à Madrid & dans toutes les Cours Catholiques pour perfuader qu'elle entreprenoit cette conquefte pour eftendre les bornes & les frontieres de l'Eglife, & pour detruire le fchifme & l'herefie. Cependant de tout cela il n'en coufta qu'à l'Efpagne à qui on enleva la Flandre : c'eft où l'on vouloit venir. La Cour de Vienne durant quelque temps, donna dans ce piege. Mais en même temps la France avoit d'autres Miniftres dans les autres Cours Proteftants, qui proteftoient, qui juroient & affirmoient qu'on n'en vouloit point à la Religion, que le Roy leur Maître avoit feulement intention d'abbattre

la

la fierté des Hollandois qui se vou-
loient rendre arbitres de la destinée
de l'Europe. Quand le Roy tres-
Chrêtien voulut abbattre & détruire
les Calvinistes dans son Royaume,
il se fit un grand dehors de pitié & de
Religion pour imposer aux Princes
de l'Europe. Et il s'imagina que tous
les Princes Catholiques & particulierement la Cour de Rome l'alloient
adorer, & qu'afin de recompenser
son zele pour la Religion on le laisse-
roit faire tout ce que bon luy semble-
roit & s'accommoder paisiblement
des droits & du bien d'autruy. Il
est en tres grand colere, de ce que le
Pape & l'Empereur n'ont point donné dans ce panneau. Mais le Pape &
l'Empereur ont raison, ce n'est pas
le zele pour l'Eglise qui a engagé le
Roy de France dans la persecution
contre les Calvinistes de son Royaume, c'est un grand amour propre, &
le dessein de se distinguer dans le monde & dans l'histoire, par un grand
ouvrage dont ses predecesseurs depuis

C 3

deux

deux cens ans n'avoient peu venir à bout. C'est par cette fierté & cette humeur hautaine, par laquelle ce Prince veut que tout cede à ses volontés comme à celle de Dieu. Je veux qu'il n'y ait qu'une Religion en mon Royaume, cela est dit, il faut que cela soit fait, m'en dût il couster ma ruine. Il est bien évident par la conduite du Roy tres-Chrestien contre l'Eglise mesme, que nos conjectures ne sont pas fausses. Il a persecuté les Catholiques comme les Heretiques, non-seulement en la personne du Pape, mais dans une multitude incroyable des plus saints Prestres de l'Eglise Gallicane qu'il a fait mourir dans des cachots, qu'il a bannis, qu'il a reduits à la pauvreté, & qui sont encore aujourdhuy dans les abysmes & dans les prisons où il les a fait descendre. Les armes de l'Eglise ne reussissent jamais contre les Heritiques, quand on les employe contre elle-mesme. Le Saint Pere tres éclairé a vû tout cela. C'est pourquoy il n'a

pu

pu beaucoup se réjoüir d'une action, qui ne sçauroit avoir de succés n'aiant pas esté entreprise par un vray zele.

Aprés tout que font aujourdhuy le Pape & les Princes Catholiques qui sont prejudiciable à l'Eglise. Si l'on en croit les livrets qui viennent de France, il n'y a que le Roy tres-Chrestien qui soit Catholique : tous les autres sont quasi Mahometans. Et pourquoi donc ce Prince si Catholique, n'a-t-il pillé que sur les Catholiques ? Pourquoy la ville de Strasbourg, est elle la seule piece qu'il a enlevée au parti Protestant ? Pourquoy a-t-il pris Treves, Mayence & l'Archevesché de Cologne, sur l'Eglise ? Pourquoy a t-il enlevé Avignon & le Comtat au Pape, qui est le Chef de l'Eglise ? Pourquoy a-t-il pris la Franche-comté & la Flandre, sur le Roy d'Espagne qui est tres-Catholique ? Pourquoy a-t-il enlevé à l'Empereur qui est Catholique, Philisbourg & Fribourg ? Pourquoy vient-il tout nouvellement



de

de reduire en poudre & en cendres tout le Palatinat le propre heritage de la Maison de Neubourg la plus Catholique Maison qui foit en Allemagne ? Il eft donc zelé Catholique pour s'emparer des biens des Maifons les plus Catholiques qui foient dans l'Europe. Pourquoy a-t-il toûjours entretenu correfpondance avec le Tekeli qui eft Lutherien ? Pourquoy s'eft-il fervi de luy pour amener le Turc en Allemagne à la ruine de la Chrêtienté ? En verité la Cour de France crôit que tout le refte des hommes n'a ni oreilles, ni yeux, ni langues, qu'ils ne voyent rien, & qu'ils ne peuvent rien dire, qu'ils ne voyent pas fes groffiers artifices, & qu'ils n'oferoient en parler.

C'eft ici une guerre de Religion ; on le dit, mais on le dit fans fondement. Le Prince d'Orange, dit on encore, s'eft fervi du pretexte de la Religion, pour s'emparer de l'Angleterre ; Et que cela fait il à tout le refte de l'Europe, il ne nous eft point im-

important de sçavoir quel a été le vrai motif du Prince d'Orange. Il suffit que le succes de ses desseins face peu de prejudice à l'Eglise, comme en effet il ne lui en fait point. Si l'Angleterre avoit été réduite à l'obeissance du Saint siege, & fût devenuë Catholique, j'avoüe que ce seroit un fort grand mal de nous la voir enlevée. Mais qu'avoit l'Eglise là dedans? Un Roy Catholique sans prudence, & qui s'étoit abandonné à une Societé dont l'ame est un faux zéle outré, & qui ne garde aucunes mesures. Il y avoit des Catholiques en Angleterre; ils y sont encore; & certainement si le nouveau Roi en use comme il a promis, leur condition sera plus heureuse que sous le Roy Jaques I I. dont les entreprises mettoient les Catholiques dans un continuel peril d'être massacrés par des emotions populaires. Le Prince d'Orange a été nourri dans un pays dont le fondement est la tolerance des Religions. Il a succé ces maximes,

il s'en est bien trouvé : y a-t-il appa-
rence qu'il s'en dépouille & qu'il y
renonce ?

Au reste on ne sçauroit accuser avec
justice les Princes Catholiques d'a-
voir contribué à ruiner le Roy Jaques II. Mais pourquoy ne profite-
roient-ils pas d'une chute à laquelle
il n'est pas possible de remedier ? ils
n'ont aucun interêt à le rétablir ; car
ils rétabliroient le bras droit de la
France qui opprime la liberté de
l'Europe. Desormais ce que les
Princes Catholiques peuvent faire en
faveur de la Ligue & contre la France
ne peut faire aucun prejudice à l'E-
glise. Ils ont à leur teste le Pape le
Chef de l'Eglise dont il suivront toûjours les inspirations. Ils arrêteront
les Protestans dans tout ce qu'ils
pourroient entreprendre contre les
interêts de l'Eglise. Au lieu que si
on les laissoit agir seuls , ils pousse-
roient peut être trop loin leurs ressen-
timents. La France parle comme
si abbattre la France , c'estoit
abbat-

abbattre l'Eglise : personne ne comprend l'affaire ainsi, au contraire on croit rendre un tres grand service à l'Eglise en abbattant l'orgueil de la France.

Bien loin que le Pape face aujourdhuy quelque chose contre ses propres interêts en entretenant la Ligue, il ne sçauroit mieux faire pour maintenir la grandeur de son Siege. Par qui est attaqué le Saint Siege ? N'est-ce pas par la France ? Qui est-ce qui luy dispute son authorité ? Ou se tiennent ces assemblées & d'où s'écrivent ces lettres scandaleuses contre le St. Pere ? Où trouve-t-on les appels & les protestations contre le Pape ? La France est aujourdhuy plus que demi revoltée de l'obeissance du Saint Siege. Ses Ecrivains parlent contre les privileges du Saint Pere a peu prés avec autant d'insolence qu'ont fait Luther & Calvin : on ne lui laisse plus que la qualité de premier des Evéques, avec certain privileges acquis ou par les fraudes des



Pa-

Papes, ou par leurs violences, ou par les concessions des Conciles, & que les Conciles par consequent luy peuvent ôter. Il n'y a aucun moyen de faire cesser ces scandales qu'en abaissant cette fierté qui ose tout entreprendre & a qui rien n'est sacré. Mais, dit-on, le Pape en fera tant qu'enfin la France luy eschapera. On entend fort bien ce langage dans les plaidoyers de l'Avocat & du Procureur Général du Parlement de Paris. Mais le St. Pere ne craint pas cela, & n'a pas lieu de le craindre, & il sçait bien que l'Eglise Gallicane gemit sous le poids d'une grande authorité, & qu'elle se relevera de ce qu'on luy fait faire, à la premiere occasion qui se presenta. On sçait cela à la Cour de Rome autrement que par conjecture ; le Roy tres-Chrêtien ne l'éprouvera peut-être que trop tôt. Il y a encore en France une infinité de gens, & même des communautés qui sont tres fidéles & tres attachées au Saint Siege : on ne transporte pas si
aisé-

aisément tout un Royaume d'une Religion à l'autre. Il y auroit bien du bruit si le Roy tres-Chrêtien entreprenoit de faire un schisme. Tout cela fait voir tres clairement que la conduitte du Pape contre la France ne va ni contre ses interêts, ni contre ses devoirs.

Mais que dira-t-on de la conduitte du Pape à l'égard du Roy d'Angleterre. C'est un article sur lequel le manifeste fait grand bruit. Il n'a eu aucun menagement pour le Roy de la Grande Bretagne, qui luy faisoit esperer de reduire trois beaux Royaumes au Saint Siege. Il n'a eu aucune complaisance pour luy, ni aucune honnêteté pour son Ambassadeur. Il l'a chicané sur le ceremonial, il luy a fait acheter par mille sollicitations un Chapeau pour la Maison d'Est, il luy a refusé l'Episcopat pour le Pere Peters. Il n'a témoigné prendre aucune part aux malheurs de ce Prince infortuné. Il refuse de reunir les Princes Chrêtiens & Catholiques pour



le

le rétablir, il ne luy a donné que de
vaines larmes. Encore c'est le chagrin d'avoir été trompé par le Prince
d'Orange, plûtôt que la compassion,
qui les luy a tirées. J'ay déja répondu à tout cela : le Saint Pere a bien
senti que l'Eglise Catholique n'avoit
gueres gagné, en acquerant un Prince d'une part d'une capacité fort me-
diocre, & d'ailleurs abandonné aux
Jesuites, dont la conduitte ruine l'E-
glise par tout où ils regnent. Il a com-
pris qu'un Roy Catholique tout seul
dans l'Angleterre, Royaume outré
Protestant, étoit un rien : qu'en perdant le Roy d'Angleterre, on ne per-
droit qu'un peu d'esperance : que luy
mort les choses retourneroient à leur
premier état, & que les Catholiques
Anglois se trouveroient plus mal, du
petit mieux où ils auroient été. Ce
n'est pas qu'il n'ait fait tout ce qui
luy étoit possible pour empêcher le
Roy d'Angleterre de tomber : sans
doute il a été trompé & surpris :
Mais la chose estant faite, il ne juge
pas

pas à propos de rompre les mesures que les Princes Catholiques ont prises pour mettre le Roy de France a raison. Quand cecy sera fait, peut-être verront-ils un plus grand jour à faire du bien au Roy d'Angleterre : c'est un Roy Catholique à la verité. Mais c'est un Roy qui a toûjours été leur ennemy commun avec la France qui est Catholique aussi. Aprés tout si la France est si fachée de ce que le Pape & la Maison d'Aûtriche ne veulent pas contribuer à rétablir le Roy d'Angleterre, c'est à elle même qu'elle s'en doit prendre. Pourquoy dans le temps même que le Prince d'Orange attaquoit le Roy Jaques II. a-t-elle rompu avec le Pape & avec l'Empereur ? C'est la vraye raison qui empêche aujourdhuy la reunion des Princes Catholiques en faveur du Roy d'Angleterre.

Aprés le Pape le manifeste vient à l'Empereur pour montrer qu'il ne sçait ce qu'il fait quand il s'opiniâtre à la guerre. Et il le prouve par je ne

sçay

sçay combien de raisons dont la meil-
leure ne vaut rien. Premierement
l'Empereur a tres grand tort, il paye
le Roy tres-Chrêtien d'une noire
ingratitude. Car le Roy luy a laissé
faire paisiblement la conqueste de
Hongrie, il a accordé la Treve en
1684. Il ne l'à point traversé durant
que les Turcs assiegeoient Vienne.
Sans le Roy de France jamais l'Empereur n'auroit fait sur eux aucune
conqueste. *Mais a peine a t-il pris*
*Newhausel qu'il oublie les services que*
*le Roy de France venoit de luy rendre.*
*Au lieu de faire paroistre du moins une*
*feinte recognoissance, il forme des Li-*
*gues secretes contre la France, il cabale*
*dans toutes les Cours.* Voilà le premier crime ; le second c'est que l'Empereur s'est déclaré contre le Cardinal de Furstemberg, *qui devoit étre*
*elu Archevesque de Cologne en estant*
*déja Coadjuteur, il obtient du Pape un*
*bref d'éligibilité en faveur du cadet de*
*Bavieres qui a l'aage de seize ans se*
*trouvoit déja revétu de deux Evéchés :*

*Et*

Et cela contre toutes les regles & les canons de l'Eglise. La troisiéme faute de l'Empereur est en ce que son aveuglement causé par sa passion ne luy permet pas d'ouvrir les yeux sur cette puissante Ligue, qu'il voit former dans l'Empire entre les Princes Protestants, le Roy de Suede, le Prince d'Orange & la Republique de Hollande, à laquelle il donne les mains pour la destruction de la Religion Romaine en Angleterre. Ainsi non-seulement il abandonne un Roy Catholique & dépossedé, non-seulement il favorise un usurpateur dans son injuste invasion. Mais ce qui est bien plus estrange, il jette son fils dans un peril evident de se voir bientôt tirer l'Empire des mains par les Princes Protestants, qui en voudront revétir un Prince de leur Religion. C'est l'abbregé des pompeuses raisons par lesquelles on veut persuader à l'Empereur qu'il a toute sorte d'interêt à renoncer à la Ligue & à se jetter entre les bras de la France pour rétablir le Roy d'Angleter-

gletetre, & abbaisser les Princes Protestants de l'Empire. Je ne sçay si la
Cour de France pretend avoir trouvé
le chemin du cœur humain & l'art de
persuader : si cela est il faut avoüer
que nous n'y entendons rien. Car
nous ne sçavions pas que joindre
beaucoup de faussetés à beaucoup
d'injures , fût une voye fort seure
pour amener les gens où on les veut
conduire. On parle icy de l'Empereur comme on feroit d'un sot, d'un
ingrat, d'un emporté , d'un homme
qui sacrifie les interêts de la Religion
à sa passion, qui n'a aucuns égards ni
pour la Justice , ni pour ses plus in-
dispensables devoirs. *Venons mainte-
nant à l'Empereur , dit-on , dont la
conduitte, quoy que partie d'un meilleur
fonds n'a pas été plus reguliere , ni plus
exempte de passion que celle du Pape.*
C'est à-dire que le Pape péche dans
cette affaire par pure malice, mais
l'Empereur est un pauvre homme qui
fait ce qu'on luy dit , & qui va où on
le mene. Cela est facheux pour la
Fran-

France. Car il est vray que si l'Empereur eût voulu se laisser conduire aux Ministres du Roy tres-Chrestien, les affaires de France en iroient aujourdhuy beaucoup mieux. Asurement les obligations que l'Empereur & l'Empire ont au Roy de France sont tres considerables ; il les a déchargés du soin de gouverner plusieurs Provinces : & il n'a pas tenu à luy qu'ils ne luy eussent l'obligation toute entiere, & qu'ils n'ayent l'avantage de vivre paisiblement en petits particuliers. Mais par malheur ils sont dans des erreurs, d'où il ne sera pas aisé de les tirer. Ils croyent que si le Roy de France a laissé l'Empereur en paix durant la guerre de Hongrie ; c'est parce qu'il s'étoit entêté de l'execution de ce qu'il appelloit son grand ouvrage qui est la destruction des Calvinistes dans ses états & dans ceux du Duc de Savoye. Ils croyent aussi que l'Empereur n'a pas agi contre ses interêts en empéchant l'elevation à l'Electorât de Cologne, d'un hom-

homme qui étoit fon ennemy déclaré, & celuy de l'Empire; un homme qui autrefois avoit introduit les
François dans l'Empire, & qui l'a-
voit penfé perdre; un homme qui
avoit vendu fa confcience & fon honneur à la Cour de France : un homme qu'on peut veritablement appel-
ler le perturbateur du repos public, &
l'ennemy commun de l'Europe : un
homme enfin que l'Empereur avoit
autrefois été obligé de mettre en pri-
fon. Quand un homme fait comme ce
Cardinal, a reçû une fois de ces fortes
de chaftiments, bien que juftes il ne
les oublie gueres & il n'y a plus ap-
parence de s'y fier.   L'Empereur a
obtenu un bref d'eligibilité pour un
enfant de feize ans, & le Pape a accordé ce bref.   Il faut fçavoir fi le Pape a pû faire cela, c'eft l'ufage qui
détermine cette queftion.  La France ne s'étoit point plaint qu'on eût
élû le Prince de Baviere Evêque de
Ratisbonne plus jeune qu'on ne la
élû Archevêque de Cologne; fi le
Pape

Pape a pû faire le premier, pourquoi n'auroit-il pas fait le second ? Pourquoy trouver estrange, que le Pape se sert de son droit de dispenser des canons pour ôter à la France un moyen de ruiner l'Empire & de troubler toute l'Europe ? Quant à la derniere accusation, de favoriser la pretenduë Ligue Protestante, d'abandonner un Prince Catholique & dépossedé, de ruiner la Religion Catholique en Angleterre; on y a déja répondu: on a fait voir qu'il ne s'agit pas icy de Religion: que la Religion Catholique ne perd gueres en perdant un appuy comme étoit ce Roy, & qu'il n'y a jamais eu que le Roy de France qui ait gagné avec luy. Au reste c'est un piege bien grossier que cely qu'on tend à l'Empereur, en luy disant, qu'il doit abbaisser les Princes Protestants d'Allemagne, afin qu'ils ne disputent pas la Couronne Imperiale à son fils pour la donner à l'un de leurs Princes. Je ne sçay qui menace plus visiblement la Couronne Imperiale

riale qui est dans la Maison d'Autriche, ou des Princes Protestants d'Allemagne, ou de la France, qui la
veut faire passer chez elle. Il faut
d'abord ôter à la France les veües
qu'elle a d'envahir l'Empire, car on
doit courir au plus pressé. A prés cela si les Princes Protestants entre-
prennent quelque chose contre les
interêts de l'Empereur & de son fils,
on trouvera des moyens de les repri-
mer : au moins la France en cette occasion ne refusera pas son secours.
Car elle est trop Catholique pour
laisser l'Empire à ces Protestants.

On vient à l'Electeur de Baviere.
Ce manifeste le flatte pour le gagner :
parce qu'il est jeune, & que l'on sup-
pose que les jeunes Princes se laissent
prendre par les loüanges ; on le loüe
*des talens qu'il a pour la guerre.* On
le flatte de la gloire *d'être Arbitre de
la Paix.* On le prend par l'ambition,
on luy dit que si l'Empire sortoit de
la Maison d'Autriche, il est le seul
Prince que cela pût regarder, & que
dans

dans cet interêt, ce qu'il a le plus a
craindre, c'est l'aggrandiflement des
Proteftants qui lui pourroient difpu-
ter l'Empire. La Cour de France jette la Couronne Imperiale à la tête de
tous les Princes pour les étourdir,
tout à l'heure on la laiffoit à la Maifon d'Aûtriche, mais à prefent on la
donne au Duc de Baviere. Affure-
ment l'Electeur de Baviere eft bien
obligé à la Cour de France d'avoir un
fi grand foin de fes interefts : appa-
remment il doit cela à Madame la
Dauphine fa Sœur.. Mais les affaires
& les fentimens font bien changés
depuis le grand fracas que la France
fit il y a quelques années, fur le fim-
ple bruit qui s'étoit repandu que le
Roy d'Efpagne vouloit donner au
Duc de Baviere ce qu'il a de refte dans
les Pays-bas. Alors on ne vouloit pas
qu'il fût Marquis d'Anvers, aujourdhuy on le veut faire Empereur; s'y
laiffe tromper qui voudra : je penfe
qu'en cette affaire l'Electeur de Baviere n'efpere ni ne craint rien. Il

n'efn'espere point de voir l'Empire sortir de la Maison d'Aûtriche pour entrer dans la sienne. Car l'Empereur a déja des garçons, & l'Imperatrice est en état & en âge d'en avoir d'autres. Il ne craint pas non plus les opposi-tions des Protestants. Car depuis qu'ils ont perdu l'Electorat du Palatinat ils n'ont plus que deux voix de huit dans le College Electoral. Il faudroit bien avoir un esprit à chimere pour craindre que deux l'emporte-roient contre six. C'est ainsi qu'on fait peur aux enfants par des fantômes de carte. Aussi traitte-t-on assés l'E-lecteur de Baviere en enfant & en pe-tit garçon à qui on donne des dou-ceurs & de petits appas pour l'amener à ce qu'on appelle son devoir. Le veritable interest de l'Electeur de Ba-viere c'est de maintenir la paix de l'Empire ; c'est d'empescher qu'il soit demembré par les violences de la France, & qu'il ne soit englouti tout entier par son ambition démsurée; quelle barriere a presentement cet

Elec-

Electeur pour le mettre à cou vert
des entreprises des François? Ils sont
maîtres du Rhein. Ils ont traversé
la Suaube, ils sont sur luy. Et s'il
ne veut être bientost leur esclave il
faut necessairement qu'il soit aujourdhuy leur ennemi.

L'Auteur de la Lettre traitte l'Es-
pagne avec un assez grand mépris; *son gouvernement est venu*, dit-il, *a un excés de foiblesse & d'impuissan-ce.* Ce sont la les belles douceurs
par lesquelles la France veut gagner
les gens. Mais si on ne donne à l'Espagne de beaux mots, on luy mon-
tre de grands interests qu'elle a, à ne
point entrer dans cette guerre comme on craint qu'elle fera. En entrant
dans la Ligue elle montrera son foible, elle attirera le fort de la guerre
sur ses Etats; elle contribuera à l'ag-
grandissement de la Religion Protestante, & à l'établissement du Prince d'Orange qui est le plus ancien
ennemy de sa Religion & de sa Couronne: Elle s'exposera aux nouvel-
D les

les infidelités des Hollandois ; & enfin elle perdra absolument ses Etats & son Commerce des Indes. Car les Anglois & les Hollandois unis ensemble seront maîtres de la Mer & du Commerce, & feront avec la derniere facilité la conqueste de tout ce que l'Espagne a dans les Indes Occidentales. L'Espagne est bien intrepide si elle ne tremble pas à la veuë de tant de perils pressants. Elle feroit beaucoup mieux d'achever de se laisser ronger à la France, de luy abandonner le reste des Païs-bas, de la laisser se fortifier en Italie, & d'attendre patiemment qu'elle reveille ses anciennes pretentions sur le Royaume de Naples, quand elle aura envahi l'Etat de Milan & qu'elle n'aura plus affaire ailleurs. Si quelque Etat a interest dans cette guerre c'est l'Espagne. C'est pourquoy on ne comprend pas comment elle balanceroit le moins du monde à se declarer. Elle a le plus perdu dans les guerres precedentes, aussi a t-elle

icy

icy le plus à gagner. Qui est ce qui luy a enlevé, la Franche-Comté, l'Artois, le Haynaut, l'Isle, Saint Omer, Cambray, Tournay, Ypre & la plus grande partie de la Flandres? Pourquoy le Roy tres-Chrestien s'est il rendu maître de Casal? & le Milanois, n'est-il pas perpetuellement en eschéc? Si l'Espagne est dans une si grande foiblesse comme cet Auteur le dit, qui est-ce qui l'a reduit en cet état? Et par quelle voye peut-elle recouvrer tout ce qu'elle a perdu? Sera-ce par une ge-nereuse restitution que la France luy fera? Si elle ne peut se rétablir que par la guerre, quelle guerre peut-elle attendre qui ait autant l'air de luy estre favorable que celle-cy? Si l'on trouve moyen de jetter la guerre sur les Etats du Roy de France, comme on le fera sans doute, elle ne sera plus sur ceux du Roy d'Espagne. Les vielles inimitiés de l'Espagne & de la Maison des Princes d'Orange sont une bonne chose à produire, comme ſi les intereſts n'eſtoient pas changés du blanc au noir depuis ce temps-là. Il faudroit que l'Eſpagne fûſt bien facile à tromper pour ſe laiſſer ſeduire par la crainte de perdre les Indes Occidentales ſur la viſion d'un Dominiquain qui en a autrefois propoſé la conqueſte à Cromwel. Les Hollandois ne ſont point gens à conqueſte, & les Anglois trouvent bien mieux leur conte dans les Indes Orientales qu'ils ne le trouveroient dans celles de l'Occident?

Aprés avoir entendu le Manifeſte juſqu'icy, on croiroit que les ſeuls Princes Catholiques ont intereſt de faire la Paix, & qu'au moins les Proteſtants peuvent & doivent continuer la guerre. Car on a fait voir qu'il n'y a rien à gagner que pour eux & pour leur Religion: Mais point du tout: la ſcene & le theatre changent du blanc au noir, parce que le deſſein de la piece le demande ainſi. Il faut faire voir, dit-on, que les Princes Proteſtants courent à une ruine mani-

manifeste auſſi-bien que les Catholiques. C'eſt ainſi que font les habi-
les gens, ils ſçavent tourner la me-
daille & montrer le revers quand l'interêt de la cauſe le veut.

La Suede & le Dannemark ne
ſçauroient ſoutenir la guerre que par
l'argent du château St. Ange: la
Suede riſque de perdre encore une
fois ce qu'elle a en Allemagne. Il
n'y a rien à gagner & tout à perdre
pour le Dannemark. En verité on ne
comprend rien la dedans. Comment
les Couronnes du Nord pourroient-
elles riſquer quelque choſe dans une
guerre qui ſe fera ſi loin d'elles? ſi
l'on perd à cette guerre, elles n'y
perdront tout au plus que les troupes
Auxiliaires qu'elles auroient don-
nées, la guerre ne ſe fera point ſur
leurs terres. Leurs troupes vivront
ou ſur l'Allemagne, ou ſur la France. Si l'on gagne on partagera les
conqueſtes avec elle : on rendra au
Roy de Suede ſa Duché de Deux-
ponts, on luy pourra augmenter les



do-

domaines qu'il a en Allemagne: comment pourroit-elle estre chassée encore une fois de l'Allemagne, puis qu'elle est icy en Union avec les Allemands ? Je voudrois bien sçavoir ce qu'elle pourroit gagner avec la France en demeurant en Paix avec elle ?

On bat les Princes d'Allemagne des mêmes raisons, ils se consumeront en frais, ils mangeront leurs pays, & il ne leur en reviendra rien. Assurement il vaudroit bien mieux qu'ils se laissassent traitter les uns après les autres, comme on a traitté Strasbourg, Philisbourg, Mayence, & sur tout le Palatinât! S'ils ne gagnent icy autre chose, ils gagneront au moins la liberté & la tranquillité en chassant au delà du Rhein l'ennemy commun de l'Empire. S'ils peuvent entamer la France ils ne vivront plus sur leurs terres, & s'il y a jamais eu lieu d'envisager la France comme un pays de conqueste, c'est à present, qu'elle va estre attaquée de toutes parts.

parts. Dans cet endroit l'Auteur veut intimider les Princes Liguès par une prophetie. Il leur dit, *que l'harmonie de ce corps politique composé de parties & d'interests si differents ne peut pas subsister long-temps.* On a pourtant vu des ligues subsister assés long-temps , & beaucoup trop au gré de la France. Celle que les Hollandois firent aprés l'année 1672. a duré jusqu'en 1678. & a obligé la France à demander la Paix à l'Europe, elle a donc duré cinq ou six ans. Il ne nous en faut pas tant icy : pourvu que les Princes Confederés demeurent unis deux années, & que l'Angleterre puisse agir , la France viendra demander la paix à genoux , & rendra tout ce qu'elle a pris depuis cinquante ans. Car elle ne sçauroit soustenir la depense de deux campagnes telles que sera celle-cy.

La Hollande à son tour vient sur les rangs. C'est à elle qu'on en veut le plus; *car elle est le ressort fatal qui a donné le mouvement à une partie de ces*

D 4

étran-

*étranges revolutions que nous voyons.*
Il y a six mois qu'on la devoit inonder d'armées, qu'on en devoit faire un pays de conqueste, ou plûtôt un vaste desert, & n'y laisser pierre sur pierre. A faute d'autres forces on la bat icy avec beaucoup de puissantes raisons. *Ses Dieux Tutelaires sont la Paix & le commerce,* Elle n'a jamais gagné à aucune guerre avec ses voisins. Elle a pensé se défaire honnestement d'un ambitieux & superbe sujet qui la dominoit quasi d'une maniere absoluë : Mais dans le fonds elle se trouvera bien trompée. Car le Prince d'Orange qu'elle a pensé envoyer en Angleterre pour s'en défaire ne servira qu'à fortifier sa rivale dans le Commerce & dans l'empire de la mer. *Le Prince d'Orange devenu Roy d'Angleterre ne sçauroit leur estre qu'un mauvais garand de la durée de leur bonne intelligence, parce qu'un usurpateur & un impie se resout facilement à devenir infidéle :* qui est ce qui auroit attendu de la France des con-

conſeils ſalutaires & de bonne amitié
pour la Hollande ? C'eſt icy qu'on
peut bien appliquer la maxime, *que
les preſents des ennemis doivent eſtre
ſuſpects.* Il eſt vray le Commerce &
la paix ſont les Dieux Tutelaires de
cet Etat. C'eſt pourquoy on les
veut mettre en lieu de ſeureté & hors
des atteintes de la France. Une Paix
comme celle qui dure depuis 1678.
eſt plus funeſte au commerce & aux
biens des particuliers que n'eſt une
faſcheuſe mais courte guerre. Quand
la France ne peut troubler le Commerce des Hollandois à cauſe de la
Paix, elle luy envoye les Algeriens
pour les piller & pour prendre leurs
vaiſſeaux : Elle donne retraitte aux
pirates dans ſes ports : elle achete
leurs brigandages : elle défend les
marchandiſes de l'Etat & les charge
d'Impôts exceſſifs. Comment le
Commerce peut-il s'avancer à la faveur d'une Paix ſans fermeté ? Une
Paix dans laquelle on ſe voit ſur la tête un ennemi terrible qui menace à

D 5 tous

tous moments de tomber. La Paix
que les Hollandois ont eue avec la
France n'a pas empêché leur pays de
se ruiner, leurs heritages & leurs terres de diminuer de prix & de revenir
à rien : car ils ont toûjours été obli-
gés nonobstant la Paix d'entretenir
de puissantes armées qui les ont con-
sumés, & ils ne pouvoient s'en dispenser estant voisins d'un état aussi
infidéle que la France, qui avoit durant la paix d'aussi puissantes armées
que durant la guerre. Quand la France
auroit achevé de prendre cette barriere qu'ils avoient mise entre la France
& eux à la Paix de Nimegues que de-
viendroient-ils, & que de devien-
droient *le Commerce & le repos qui sont
leurs Dieux Tutelaires?* Il faut donc
qu'ils assurent & la Paix & leur Commerce en abbaissant une puissance qui
les veut ruiner. Au reste le Commerce des Hollandois ne sera pas si
fort interrompu par cette guerre comme on le pourroit imaginer : ils n'au-
ront pas celuy de France. Mais ils au-
ront

ront celuy des Indes, celuy de Smyr-
nes, celuy des Isles, celuy de la mer
Baltique, celuy d'Espagne & celuy
d'Angleterre. La France croit qu'on
ne sçauroit vivre sans son Commerce. On verra si elle se passera aussi facilement du commerce de la Hollande, comme la Hollande se passera
du sien. Au reste les forces de Mer de
la Hollande & de l'Angleterre join-
tes ensemble nettoyeront si bien
l'Occean & la Mediterranée de pyra-
tes François que le Commerce ne
s'en fera pas moins bien. Quant aux
craintes qu'on veut donner à la Hollande tant contre le Prince d'Orange
devenu Roy d'Angleterre, que contre l'Angleterre même, ce sont des
propheties fondées sur des outrages
injustes *Un usurpateur & un impie peut
aisément devenir ingrat.* Les Hollandois ont lieu de prophetiser autrement
& de dire, un sage, un honneste homme, un bon Chrêtien, un fils de nôtre
pays, un Hollandois d'inclination &
de naissance, ne deviendra pas aisement nôtre ennemy pour être Roy
D 6

d'And'Angleterre. Eſtant nos os & nôtre ſang il nous aimera, & par conſequent il ſera un lien éternel d'Union entre les deux Nations. Ce raiſonnement eſt un peu plus juſte & un peu plus fort que celui que la France fonde ſur les accuſations d'impieté qu'elle fait au Prince d'Orange. Au moins ce peril n'eſt pas auſſi preſſant qu'étoit celuy qui leur pendoit ſur la tête par la conjuration que le Roy de France & celuy d'Angleterre avoient fait pour leur ruine : Ils ont eu raiſon de courir au peril le plus proche & le plus apparent : Si le nouveau Roy d'Angleterre ceſſoit d'être leur amy, ils ſont bien aſſurés que la France ne manqueroit pas de ſe reconcilier avec eux & de leur donner du ſecours. Car l'interêt de la France ſera toûjours d'empêcher que l'Angleterre ne ſe fortifie au deça de la mer.

L'Auteur pour dernier article paſſe à l'Angleterre. Et cet article eſt une violente invective contre ce que la nation Angloiſe a fait, & con-

contre l'entreprife du Prince d'O-
range, c'eft une declamation em-
portée pour prouver que les Anglois en violant toutes les Loix divines & humaines, en élevant le
Prince d'Orange fur le Thrône, fe
font mis fur les épaules une tête pe-
fante & imperieufe qui abifmera
tout le corps. Eftant de la Religion
dont je fuis, ce n'eft pas mon affaire
d'entreprendre l'Apologie des Anglois, des Hollandois & du Prince
d'Orange qui ont dépoffedé le Roy
d'Angleterre. Ils ont leurs Ecrivains & leurs raifons je leur laiffe la
charge de fe défendre. Je me con-
tenteray feulement de faire quelques reflexions qui me femblent
être du reffort général du bon fens.

La premiere c'eft que le Roy Jaques d'Angleterre doit apprendre
d'icy ce qu'il a à efperer de la France entre les mains de laquelle il s'eft
jetté. Des à prefent la France co-
gnoit toutes fes fautes & les publie.
Car cet Ecrit emané immediate-

ment de la Cour, avoüe que *toute sa conduitte a été tres peu judicieuse*, & qu'il a suivi des conseils, aveugles & tres pernicieux à son repos & à sa seureté. *Qu'il a mal à propos affecté d'abaisser la Religion Protestante, qui étoit celle de l'Etat*, qu'il a usé d'une rigueur mal entenduë tant à l'égard des Evêques que des Universités ; qu'il a été imprudent de vouloir entamer le *Test* & les *Loix Penales*, que les *Anglois* regardent comme le sanctuaire du Royaume : que son goust pour la Cour de *Rome* & pour les *Moynes* qu'il vouloit retablir étoit ridicule & bizarre : que ses entreprises de donner *les emplois aux Catholiques en les ostant aux Protestants*, n'ont que trop donné de sujet à tous les membres de l'Etat de se plaindre. Voilà precisement le jugement que l'on fait à la Cour de *France* du Roy *Jaques d'Angleterre*. Je luy laisse à penser quel secours il doit attendre d'une Cour qui l'estime si peu, & qui parle de luy de cette maniere sans façon.

façon. En veut-il davantage ? On luy déclare nettement , *Que le rétablissement du Roy d'Angleterre n'est pas une entreprise facile d'executer à un Roy quelque grand qu'il soit, à qui toutes les puissances de l'Europe se disposent de faire la guerre.* C'est assés se faire entendre : que le Roy Jaques se tienne donc pour dit. Il peut bien des a present chercher un asyle au delà des Monts & au prés du Pere commun de la Chrêtienté.

Ma seconde reflexion, c'est qu'il me semble que la France feroit prudemment d'épargner un peu les grands mots *d'usurpateur* , *d'impie,* de *crime execrable* à l'égard du Prince d'Orange aujourdhuy Roy d'Angleterre , C'est une grande sottise a un homme de diffamer une femme qu'il sera obligé d'épouser quelques mois aprés. Dans peu la France sera obligée de venir demander grace à cet *usurpateur,* & à cet *impie* : & des à present si cet *impie,* cet *usurpateur,* & ce *criminel execra-*

*execrable* vouloit donner la Paix à la France où seulement se tenir dans la neutralité, il deviendroit un sage Prince, un legitime Roy des trois Royaumes. Et Jaques II. en un clin d'œil deviendroit un fou qui porte la juste peine de ses imprudences : On l'enverroit mandier son pain de Cour en Cour, comme autrefois on y envoya son frere par les ordres de Cromwel qui étoit un veritable usurpateur. Il se trouvera que la France s'alliera avec un *usurpateur*, un *impie* & un *execrable*, en chassant un Saint, un Martir, un Roy Catholique injustement dépossedé, ce sera une grande lachété à la France: cependant tout le monde la prevoit comme n'estant pas fort loin : il me semble qu'elle la devroit prevoir aussi & parler plus modestement.

Ma troisiéme & derniere réflexion : c'est qu'il me semble qu'on se doit faire justice se mettant en la place de ceux que

nous

nousblâmons : je ne sçay où est le Royaume tout Catholique qui voulût souffrir quatre ans un Roy Lutherien ? Je voudrois bien que le Roy d'Espagne se déclarât hautement Heretique, qu'il cassât les Officiers Catholiques pour y en mettre de Calvinistes, & de Lutheriens, qu'il appellât & établit des Predicants par tout. Je suis assuré qu'il seroit à l'inquisition devant trois mois, & qu'on luy feroit son procés dans toutes les formes. Il me semble donc qu'on doit plus sçavoir de gré aux Anglois de ce qu'ils ont souffert depuis quatre ans, qu'on ne doit avoir de chagrin contr'eux de ce qu'ils ont fait depuis six mois.

Je finissois ici, Monsieur, quand en levant les yeux de dessus mon papier ils sont hazardeusement tombés sur ces paroles de la Lettre à propos des Anglois & des Hollandois. *Ce sont deux Nations chez qui l'amitié & la bonne foi ont été de*

*tout*

*tout temps des vertus incognues, qui n'ont fait jusqu'ici aucun scrupule de violer les droits les plus saints lors qu'ils ont été en pouvoir de le faire, & que l'esperance du succés les a flat-tées dans leur infidelité & leur revol-tes.* en verité on ne sauroit définir ce qu'on sent quand on lit de telles choses : quant on auroit lû cela cent fois on en est épouvanté à la dernie-re comme à la premiere. Je laisse la les Anglois & les Hollandois: mais à quel point de hardiesse n'est point montée la France, d'oser faire un semblable reproche ; Elle qui a foulé aux pieds tout ce qu'il y a de plus saint & de plus sacré dans le droit des gens & dans les Loix Divi-nes. Elle qui a renoncé si publi-quement & si generalement à tout ce qui s'appelle bonne foy & con-science. Elle qui ne sçait pas gar-der la foi à ses propres sujets, & qui a revoqué des Loix & des Edits qui portoient sur le front le caractere d'irrevocables. Elle qui au preju-

dice

dice de tant de traités & de tant d'Alliances, tomba sur les Hollandois pour les abismer l'année 1672. sans en donner autre raison *que la mauvaise satisfaction* : Elle qui l'année 1667. se jetta sur les états d'un jeune Roy encore mineur, sous un vain pretexte : Elle qui aprés la paix de Nimegue s'est emparée d'une sixiéme partie des Provinces de l'Empire, sous pretexte de réunions & à la faveur de droits ridicules en eux-mêmes & aneantis par le temps. Elle qui envahit les Pays-bas Espagnols durant la paix, brûla toute la Campagne & bombarda la ville d'Oudenarde, enleva enfin l'importante place de Luxembourg. Elle qui sans cause & sans declaration de guerre, au milieu de la paix est allée reduire Genes en cendre : Elle qui contre la foi de tous les traités s'est renduë maîtresse du Rhein par les villes qu'elle a fraudeuleusement emportées, & par le prodigieux nombre de Cita-

cel-

delles qu'elle a baties où il ne luy
étoit pas permis de le faire : Elle
qui sans autre pretexte qu'un
pretendu soupçon d'une paix fu-
ture avec les Turcs, & ensuite
d'une rupture de la part de l'Empereur, a violé la Tréve & est allé
porter le fer & le feu dans les entrailles de l'Empire. Elle qui contre
la foy des traités declare la guerre à
la Hollande sous un pretexte notoi-
rement faux : C'est qu'elle a em-
pesché l'Election du Cardinal de
Furstemberg, à quoy elle n'a rien
contribué si ce n'est peut-être des
vœux. Elle enfin, qui au mépris
de ce qu'il y a de Loix Divines &
humaines & par une infidelité &
une barbarie qui n'a point d'ex-
emple depuis qu'il y a un Christia-
nisme, contre la foy des traités &
des capitulations renverse les Villes, les Ceasteaux, les Bourgs &
les Villages; les brûle, les reduit
en monceaux de cendre, & fait de
l'Allemagne un vaste desert. Tout
ce-

cela me fait conclure , que s'il est de
necessité que l'Europe n'ait qu'un
maistre , il la faut donner au Turc,
on y trouvera plus d'humanité &
plus de bonne foi,

Je suis Monsieur, &c.

FIN